JUDAS-ISCARIOTE.

Songe de Maroto.

PAR HYA** D***.

Le passé l'afflige, l'avenir le désespère.
Il promène partout ses yeux étincelans. On
lit dans son funeste regard la tristesse, la
confusion, l'orgueil et la haine.

(MILTON, *Paradis perdu.*)

Prix 60 centimes.

PARIS,

IMPRIMERIE-LIBRAIRIE DE G-A. DENTU,

Palais-Royal, galerie vitrée, n° 13;

ET RUE DES BEAUX-ARTS, N°s 3 ET 5.

1839.

IMPRIMERIE DE G.-A. DENTU,
rue des Beaux-Arts, nos 3 et 5.

Il était presque nuit. Je venais de briser mon épée
et de signer l'acte qui livrait à l'ennemi mon roi et
les régimens qui lui restaient fidèles. Tous mes offi-
ciers, mornes et silencieux, me regardaient parfois,
mais pas une parole ne sortait de leur bouche. Le
silence du désert régnait dans le camp. Cependant
une douce et fraîche soirée se préparait après la cha-
leur du jour. Déjà la lune versait dans l'azur foncé
du firmament ses rayons argentés, et le ciel scintillait
de nombreuses étoiles; mais quel changement subit
s'était opéré en moi! Cette nature que je trouvais (il
y a quelques jours) si belle, ne disait plus rien à
mon âme. Sous le ciel le plus serein, je croyais voir
s'amonceler l'orage. Ah! c'est que de graves évène-

mens s'étaient passés. Des pensées sinistres me poursuivaient partout. Pour interrompre toute réflexion pénible, je gravis le rocher dit de *la Terreur*. Fatigué, je m'assis sur ses cîmes désertes. Mais mon illusion fut de courte durée; un lourd sommeil enchaîna tous mes sens; mon esprit agité erra alors à l'abandon. Oh! quel songe affreux! Comment exprimer tout ce que j'ai souffert, ce que j'ai vu, ce que j'ai entendu! Je frémis encore d'horreur.

Je m'étais donc endormi sur le sommet du rocher; mon esprit me transporta aussitôt sur les bords d'un lac. La nature y était triste et sauvage. Partout des ruines, pas une trace de végétation. Cà et là étaient épars des ossemens humains que des reptiles rongeaient. En vain l'astre du jour répandait ses flots de lumières, les ténèbres étaient toujours aussi épaisses. Je compris que j'étais à la porte des enfers, où règne une éternelle nuit. Je me sentis alors presque mourir. Je voulus reculer, mais une force mystérieuse m'arrêta. C'était comme si un mauvais génie m'eût enlacé de sa malice infernale. Je m'enfonçai donc dans cet épais brouillard sans savoir où j'allais. Au bruit des vents que j'entendais d'abord mugir dans les sombres demeures, succédèrent les cris affreux que poussaient, de toutes parts, les victimes de cet épouvantable royaume. En entrant sous ces profondes voûtes, qu'éclairait une pâle lueur, je vis une scène de douleur: un père, les yeux hagards et les cheveux dressés sur sa tête, dévorant avec rage, et en poussant des sanglots étouffés, le crâne de son malheureux fils. Un

sang pourri, mêlé de cervelle, ruisselait de sa bouche. A ma vue, il poussa un rugissement terrible,
comme si ma présence eût augmenté sa douleur. Horreur! m'écriai-je en tremblant. Je voulus pleurer, mais
mon sang était presque glacé dans mon cœur. Epou-
vanté, je suivis la force qui m'entraînait plus loin,
et je vis dans un antre embrasé deux démons en fureur frappant, en cadence, leurs marteaux bouillans
sur la tête d'une victime, tandis qu'un troisième la
tournait et retournait dans tous les sens; et cette tête
s'écaillait sous les coups brûlans des marteaux, mais
reprenait aussitôt sa forme. Je me mordis les lèvres
de frayeur. Miséricorde! pitié! m'écriai - je aussitôt;
mais ces mots ne sont pas connus dans ce royaume
inexorable. Au contraire, une voix puissante répondit
avec le fracas du tonnerre : Vengeance! vengeance
pour toujours! Enfans du Styx, frappez sans relâche
ce cruel avare, comme on frappe le métal qu'il ado-
rait. Et des veuves et des orphelins répétaient tous
ensemble : Oui! oui! frappez toujours, et pour l'éternité, car il a mangé sans pitié notre chair et il a bu
notre sang!!

Plein d'effroi, je restai immobile, car j'étais plus
mort que vif; et le démon qui tournait la tête de la
victime sous les marteaux, me considérait avec une
hideuse ironie. Tout ce qu'il y a de plus infernal ri-
dait ses traits flétris. Je détournai aussitôt avec horreur mes yeux de cet antre que je n'avais regardé si
long - temps que parce que je ne sentais plus rien.
Enfin, entraîné toujours par la force qui me condui-

sait, j'avançais vers les dernières demeures du Tartare, lorsqu'une voix rauque et saccadée retentit à mes oreilles : Malheur à toi, audacieux mortel qui oses fouler ainsi la terre des morts! arrête! Tu ne sais donc pas que nul qui est une fois entré dans cet affreux séjour, ne peut en sortir! Hélas! qui que tu sois, prends pitié de mon sort, lui dis-je. Un démon m'a enlacé, et sa puissance mystérieuse me conduit malgré moi dans ce royaume de douleur. Et je vis un vieillard ou plutôt un monstre : ses yeux étaient de feu. Je te comprends, ricana-t-il avec un accent diabolique; suis-moi donc, tu verras les supplices que Dieu a inventés pour punir les derniers crimes des hommes. A ce mot *invention,* je frémis. Quoi donc, lui dis-je, les crimes de la terre avaient trouvé des bornes à la justice infinie de Dieu! Presque, ricana-t-il en fronçant les sourcils, et son regard me fit pâlir, *car il avait le sourire ironique d'un démon. Ce rire excitait à la fois la rage et la crainte. L'espoir fuyait aussitôt du cœur de celui sur qui tombait la sombre expression de sa haine.* Nous arrivions dans un ténébreux détour, lorsque ce *Janitor* se tourne brusquement vers moi. Regarde cet oiseau, me dit-il en me montrant une cage de fer; et je vis un malheureux qui n'avait pas de position. La cage était trop basse pour qu'il pût se tenir debout; elle était trop étroite pour qu'il pût se coucher. Il ne pouvait s'asseoir ni se remuer, car l'intérieur de la cage était hérissé de lames aussi tranchantes qu'un rasoir, et le fond était garni de longues pointes de fer. Quel tourment!! quelle position!! Et *pour toujours*. Oh! non dit le *Janitor* : on lui réserve quelque chose de plus affreux encore. Hélas! m'écriai-je, comment l'inventer? Ah! répondit-il, la justice de Dieu est intarissable en tourmens. Eh! quel crime lui faites-vous donc expier? lui dis-je en soupirant. Sa vie est un tissu de crimes, s'écria-t-il. Il n'y eut pour lui rien de sacré sur la terre. Il trompa son Dieu, les hommes, et essaya, mais en vain, de tromper le diable. Et le vieillard renfermé dans la cage grinçait des dents et rugissait. Ce n'est pas, continua le *Janitor*, un obscur personnage; il a joué toute sa vie avec des mitres et des couronnes. Que de crimes cachés... que de sang versé... pour avoir de l'or! Mais c'est fini : le voilà pour toujours dans les souffrances.

A gauche, sur ce vaste bassin glacé, tu vois, me dit-il, se roulant nus comme des vers, dans des souffrances sans nom, les différens ministres d'Etat et les magistrats qui, n'écoutant que leur cupidité et leur ambition, rampaient aux pieds des rois, pourvu qu'on leur donnât de l'or, et négligeaient les intérêts des peuples qui gémissaient dans la misère. Ceux qu'on voit dans le fond du bassin sont doublement tourmentés par le froid et le chaud. Ils sont revêtus, comme tu vois, d'une chemise de feu. Ce sont des assommeurs de peuples, des janissaires et des commissaires qu'on achète sur la terre à prix d'argent. Ils sont là pour toujours : à ce mot terrible, comme si un vent encore plus froid eût augmenté leurs tourmens, ils se tournèrent tous ensemble vers nous en poussant des cris affreux. Mais le Janitor, d'une voix terrible, leur répondit : Oui, pour toujours. En même temps, une porte immense roula sur ses gonds , et je vis , oh douleur! ce que l'esprit humain peut à peine comprendre.

Dans une salle immense étaient régulièrement placés trois rangs de siéges. Un grand nombre étaient déjà occupés. Les siéges du premier rang étaient hérissés de longues pointes de fer enflammées, de sorte que les victimes qu'on y collait dessus, enduraient des tourmens inouis. Les siéges du second rang étaient comme ceux du premier; mais il y avait cette différence, que les damnés qui les occupaient avaient toujours deux charnières brûlantes qui tournaient dans l'orbite des yeux. Les siéges du troisième rang étaient unis, mais aussi bouillans que le fer rouge, lorsqu'on le sort de la forge pour le travailler. Les chairs des damnés qui les occupaient fondaient comme la graisse qui frit dans la poêle; mais elles renaissaient sans cesse, car elles doivent fondre ainsi éternellement. Une fumée grasse et pestilentielle s'élevait en tourbillons et allait noircir les murs. A travers on voyait les damnés faisant des contorsions affreuses et ouvrant la bouche pour crier, mais ils n'avaient plus de force. Aux couronnes noircies qu'ils avaient sur leurs têtes, je reconnus que ces victimes avaient eu le malheur d'être rois. Vois-tu ce siége, me dit alors le Janitor avec colère; et il me montrait quelque chose qui avait la forme d'un fauteuil. Il était embrasé comme les autres, mais deux dogues écumans de rage étaient attachés aux deux côtés. Ils devaient ronger sans cesse les pieds renaissans de celui qui devait l'occuper. On le réserve, me dit-il, pour un grand roi despote qui ne craint pas de porter sa main sacrilége sur les prêtres de Jupiter, et d'usurper leurs fonctions pour rendre son peuple esclave. A ses côtés se placera un petit roi rempli d'orgueil, qui suit les traces du premier tyran.

Tous ces supplices affreux ne sont donc que pour les grands personnages? lui dis-je. Oui, sans doute, répondit le vieillard; la justice des dieux l'exige ainsi. Ils étaient sur la terre pour remplacer auprès des peuples les dieux bienfaisans, et ils les ont ou corrompus par leurs mauvais exemples, ou cruellement tyrannisés. Ah! qu'il y en a peu qui remplissent fidèlement leur mission. Il y en a eu cependant, mais les peuples ne les ont pas appréciés. Au reste, tourne-toi, et lis ces sentences éternelles, que le dieu des enfers a fait graver sur ces murs, afin que ceux qui les ont oubliés sur la terre, les voient éternellement.

Il était donc écrit en caractères de feu :

« Malheur aux rois qui oublient que Jéhova est le maître du ciel et de la terre, et qu'il ne leur a donné une couronne qu'afin qu'ils travaillassent au bonheur des peuples!

« Malheur aux rois qui, par leurs crimes et leur impiété, attirent la vengeance du Ciel sur leur royaume!

« Malheur aux rois qui entassent l'or dans leur palais et laissent le peuple dans la misère, parce qu'ils ressemblent à un père dénaturé qui dévore ses enfans!

« Malheur aux rois qui rejettent la vertu et lui préfèrent l'or, *parce qu'ils élèvent ainsi les peuples à l'école du mal; car l'appât de l'or conduit toujours au crime!*

« Malheur aux rois qui osent dire à Jéhova : Nous sommes plus habiles que toi; nous méprisons tes lois, nous gouvernons par l'orgueil et la cupidité; la vertu contrarie les passions humaines, et gêne nos désirs; nous n'en voulons plus!

« Malheur aux rois qui ne travaillent pas nuit et jour pour rendre leurs sujets vertueux : car, selon la pensée de Jéhova, ils doivent gouverner par la force morale, et ne se servir de la force matérielle que pour défendre la patrie au dehors!

« Malheur aux rois qui veulent gouverner en tyrans, parce que la pensée de Jéhova est qu'ils soient les pères des peuples et non pas leurs bourreaux!

« Malheur aux rois qui offriront à leurs sujets l'or et l'argent comme l'unique source des honneurs, car il n'est pas de crime auquel ne conduise la soif exécrable de l'or!

« Malheur aux rois qui n'honorent pas en réalité la religion du Roi des cieux, du Maître de la terre, car alors les sujets suivant leurs exemples, deviennent impies et corrompus et capables de tout crime, d'égorger même ceux qui les gouvernent!

« Malheur aux rois qui oublient que la terre ne peut leur donner qu'un tombeau après le songe de la vie, et que le Souverain maître de toutes choses leur laisse tout faire ici-bas, parce qu'il les attend sans qu'ils puissent lui échapper, pour les punir ou les ré-compenser, et la sentence est éternelle! »

Nous sortîmes de ces lieux d'horreur, et l'immense porte roula de nouveau avec bruit sur ses gonds comme pour répéter avec le *Janitor :* Vous êtes là pour une éternité!

Nous descendîmes ensuite par une route sombre vers un souterrain où l'on entendait comme le bruit d'une meule qui broie. C'est ici, me dit le *Janitor,* que tu verras le supplice le plus affreux; et il pâlit lui-même en remuant ses clefs. Dans ce même moment j'entendis un râlement affreux. Enfin la porte s'ouvre. A ce bruit la caverne retentit de hurlemens épouvantables. J'entre. Quel spectacle! mes cheveux se dressèrent sur ma tête. Sous ces voûtes ténébreuses où ne pénétra jamais la lumière du jour, une flamme bleuâtre, comme celle du soufre, jetait une faible lumière qui nous laissait entrevoir la victime. Je vis un immense cadavre; ses cheveux étaient dressés en désordre sur sa tête, ses yeux étaient remplis de sang et de feu. Il grinçait les dents de rage. Deux démons acharnés le traînaient attaché par deux courroies brûlantes, et le précipitaient, par le moyen d'un appareil, d'un abîme dans un autre. Ils le plongeaient d'abord par deux fois, comme pour lui donner l'élan, dans une chaudière de plomb fondu : il allait ensuite tomber dans une autre chaudière pleine de soufre et de bitume, et chaque fois qu'on lui laissait le temps

de respirer, un râlement sourd échappait de sa poi-
trine. Il sortait ensuite de cette chaudière tout scin-
tillant de feu, pour tomber dans une autre pleine
d'huile bouillante. Puis sans lui laisser le temps de
prendre haleine, une courroie l'entraînait aussitôt,
avec une rapidité étonnante, entre deux énormes
cylindres, couverts de lames tranchantes, de sorte
que depuis ses pieds jusqu'à la tête, il était mis en
pièces et broyé. La victime poussait des hurlemens,
tandis que ses os craquaient. Cependant ce cadavre
restait toujours le même, parce qu'il doit toujours
souffrir. Son sang ruisselait à flots ; mais les vipères qui
rampaient dans ces lieux ne voulaient pas de ce sang,
et vibraient des sifflemens terribles lorsqu'elles le
touchaient : et moi, immobile de frayeur, je pleurais,
tandis que le *Janitor* ricanait. Ah ! ah ! c'est ainsi, me
dit-il, que les démons ne cesseront de le tourmenter !
Quel est donc son crime ? lui dis-je. Tu veux le savoir ? lis : sa vie est écrite sur ces murs. Aussitôt j'entendis comme un éclat de foudre, et quatre verges
de feu s'élevèrent le long des colonnes, et je lus :

Depuis que le Christ, ce grand prophète, le fils
coéternel de Jéhova avait paru sur la terre, Béel-
zébut, prince des démons, mon maître, effrayé des
miracles qu'il opérait et de l'enthousiasme qu'il
excitait parmi les Juifs, cherchait en vain un
homme qui voulût le livrer aux juges de la nation
pour le faire mourir. Tous avaient refusé (1). Ce-

(1) Anna Marie.

pendant aux uns on avait offert tout l'or de la terre, aux autres la domination du monde, à d'autres encore les séduisantes voluptés. Quelques-uns avaient été tentés, mais un seul de ses regards les avait désarmés, et tous avaient refusé cette mission des enfers. Tout semblait désespéré, lorsqu'un disciple du Christ, qui avait mangé tous les jours à sa table, et que son maître avait honoré tant de fois du doux nom d'ami, vint s'offrir lui-même, sans effort, sans crainte. *Que me donnerez-vous,* dit-il, *si je vous livre l'homme que vous cherchez?* L'amour de l'or l'avait perdu; et son âme, peu à peu habituée au crime, s'y abandonna tout entière. On lui promit trente deniers. La lune, qui s'était d'abord montrée au ciel, le soir de ce contrat, venait de se cacher sous des nuages amoncelés tout-à-coup. Les ténèbres étaient devenues profondes, et le vent pleurait dans la cime des arbres avec des gémissemens lamentables. C'était une lugubre nuit, inconnue jusqu'alors au beau climat de la Judée. Le disciple, suivi d'une troupe de soldats, allait à Getsemani trahir son maître et le livrer à ses bourreaux. Enfin il approcha du jardin où il s'était retiré. Il entendit la voix du Christ qui s'élevait dans les ténèbres. *Mon père,* disait-il, *tout vous est possible. Détournez de moi ce calice, mais cependant que votre volonté s'accomplisse.*

Cette voix triste et découragée attendrit toute la nature, les rochers même et tous leurs échos y répondirent par un immense gémissement. L'âme du disciple en fut troublée, sans pourtant que sa volonté s'en ébranlât. Le démon de son crime s'était attaché à lui comme un vautour. Il le harcelait, l'enivrait de sa propre fureur, et l'empêchait de retourner en arrière. Il t'a dédaigné, il t'a méconnu, il t'a préféré tous et chacun, lui disait-il. Venge-toi ! venge-toi !

(Ces mots descendaient dans mon âme comme des flammes dévorantes.) Judas (c'est le nom du disciple) ne se possédant plus, avance son pied sacrilége, salue son maître, le trahit par un baiser, et le livre à la mort pour trente deniers..... Quand il eut consommé son crime il frissonnait, ses dents claquaient, sa marche s'alourdissait, et peu à peu le bruit des pas du Sauveur, que les soldats entraînaient, se perdirent dans le lointain. Les flambeaux disparurent, et avec eux s'éteignit une vague espérance que l'ombre du Christ entretenait encore en lui. Il se trouva seul avec son crime et ses remords. A la troisième veille, il rentra dans la ville par un détour, vint jeter les trente pièces d'argent qu'il avait reçues aux pieds des prêtres, en reconnaissant son crime, puis il sortit. Ses yeux étaient égarés, son visage livide comme celui d'un possédé. Il erra le reste de la nuit dans la vallée de Josaphat, et autour des tombeaux des prophètes. Il entendait une voix qui criait à ses oreilles : JUDAS, LES ENFERS TE REMERCIENT. Il sentit tout-à-coup une étreinte acérée qui l'enlaçait, et ces mots retentirent dans le fond de la vallée :

L'enfer est son partage pour toujours, pour toujours. Judas était désespéré. Quand on vint le matin, on le trouva mort sous les branches rompues d'un sycomore, qui croissait au pied de la montagne du scandale. Une corde attachait encore sa tête à la branche brisée, et montrait assez quelle mort il avait choisie. O Judas! malheur à celui qui trahit le fils de l'homme. Il eût mieux valu pour lui qu'il ne fût pas né. Comme toi, souffriront éternellement tous ceux qui, pour avoir de l'or et de l'argent, auront comme toi trahi leur maître.

Oh Dieu! je crus avoir lu ma sentence. C'étaient mes démarches, mon hésitation, mon crime et mes remords. La vie m'abandonna, une pâleur mortelle couvrit mon visage, mes yeux se fermèrent et je tombai évanoui aux pieds du vieillard, qui ricanait en regardant les autres démons. Peu à peu je repris mes sens, mais une sueur froide coulait de tous mes membres; je voulais crier, mais la voix expirait sur mes lèvres; je voulais fuir, m'échapper de ces lieux, mais mes jambes tremblantes ne me servaient plus : et cependant Judas poussait des râlemens encore plus affreux. Mon malheur semblait le consoler. Je voulus le regarder pour la dernière fois, je reçus un coup mille fois plus terrible que celui de la mort. Mon nom, oui, mon nom, Maroto, pour Maroto, était écrit en caractères de feu sur un second appareil qu'on voyait dans le fond de la même caverne. Il attendait sa victime. Oh Dieu! mon âme! m'écriai-je aussitôt en pâlissant de nouveau et m'arrachant les cheveux.

Quoi, pour toujours, souffrir comme Judas! Les lèvres violettes et livides de terreur et de mort, à la vue de l'abîme ouvert sous mes pas : Mon âme, mon âme, sauvez...; et je tordais les mains avec angoisse. Ici je me réveillai, mais je ne me possédais plus. J'étais comme un homme qui sort d'une profonde ivresse; j'étais épuisé; une fièvre violente me tourmentait. Je connus, mais trop tard, *que le crime est une vérité que tous les mortels sentent également, et qui laisse après lui des traces durables de repentir ou de désespoir.* La vie, le crime, la mort et le supplice de Judas sont toujours dans ma pensée. Hélas! je n'ai donc plus, comme lui, que des jours d'ignominie sur la terre! l'argent que j'ai reçu pour trahir mon roi, sera toujours un anathême contre Maroto et ses descendans.

FIN.